はじめに

いま私たちが生活を営ませていただいている地球は、危機的な状況に陥ろうとしています。四十数億年の歴史を持つ美しく輝く地球。

その中で私たち人類のたどった道は、ほんのわずかな時間にほかなりません。地球は長い年月多くの奇跡をくぐり今の姿になりました。もう一度このはるかなる時の流れを想像してみて下さい。環境面でのことです。フロンによる温暖化問題、食糧危機、森林問題など数え上げればきりがありません。まさしく地球も、私たち人間も病んでいるのです。その一番の根源は、私たち人類です。ほかにも民族・宗教紛争などさまざまな醜い人間ならではの利己的争奪が、絶えること無く続き、そこで犠牲になるのも弱者である同じ人間です。人間とは、なんと愚かな生き物なのでしょう。

人間の存在自体に疑問を持って生きていた中で、ある縁がきっかけで私は「白骨の御文」なるものにめぐり会いました。今回はこの文章を追いかけて、すこし歴史の旅に出ました。その中で新たに時空を超えてやってきた、ある六文字に出会いました。そのお話をこの中でさせていただきたいと思います。ただし、特定の宗教・宗派にはまったく関係ございません。私個人の時空への旅としてご認識ください。そして皆さん、私と一緒に時空を超える旅に出発しましょう。

目覚め 目次

「白骨の御文」との出会い

この冒頭の部分は、『御文章』[*1]の中の「白骨の御文」[*2]なる一節です。少し時間をかけて、何度かこの部分のみをお読みになってください。

「夫《それ》、人間の浮生《ふしょう》なる相を、つらつら観ずるに、おおよそはかなきものは、この世の始中終《しちゅうじゅう》まぼろしのごとくなる一期《いちご》なり。されば、いまだ万歳《まんざい》の人身《にんじん》をうけたりという事をきかず。一生すぎやすし。いまにいたりてたれか百年の形体《ぎょうたい》をたもつべきや。我やさき、人やさき。きょうともしらず、あすともしらず。おくれさきだつ人は、もとのしずく、すえの露よりもしげしといえり。されば、朝《あした》には紅顔ありて、夕《ゆうべ》には白骨となれる身なり。すでに無常の風きたりぬれば、すなわちふたつのまなこたちまちにとじ、ひとつのいきながくたえぬれば、紅顔むなしく変じて、桃李のよそおいをうしないぬるときは、六親眷族《ろくしんけんぞく》あつまりてなげきかなしめども、更にその甲斐あるべからず。さてしもあるべき事ならねばとて、

1【御文章】（ごぶんしょう）
蓮如が浄土真宗の教義を平易に認め、門徒に与えた書簡体の法語。蓮如の孫の円如が八十通を選び、本願寺十世の証如が版にしたもの。五帖。本願寺派は御文章、大谷派は御文（おふみ）と称する。

2【白骨の御文】（はっこつのおふみ）
蓮如の消息（書簡）体の法語。朝に紅顔を誇っている身も夕には白骨と化する、はかない人間の実相を説いたもの。

野外におくりて、夜半《よわ》のけむりとなしはてぬれば、ただ白骨のみぞのこれり。あわれというもなかなかおろかなり。されば、にんげんのはかなきことは老少不定《ろうしょうふじょう》のさかいなれば、たれの人もはやく後生の一大事を心にかけて、阿弥陀仏《あみだぶつ》をふかくたのみまいらされて念仏もうすべきものなり。あなかしこあなかしこ」

さて、私が最初にこの文章と出会ったのは、祖父の通夜の席で一通りの門経が終わりご導師の法話として聞いたときでした。高校時代は仏教系の学校であったため、般若心経[*3]などはよく口にも耳にもしていましたが、大学二年生にもなって初めて祖父の通夜で聞いた言葉に、止めど無く涙があふれ出たのです。言い様のないむなしさと人間の持つ悲しさを、その一つ一つの中から感じたことを鮮明に覚えています。そこには、祖父の死という事実以外に、直面する別の世界があったのです。

お恥ずかしいことですが、大体においてそれまでは、自分の家の宗派さえ気にもとめていなかったのです。今思えば、私はそのときに初めて自分の中に流れる遺伝子を超えた大きな天動の響きを感じたような気が

3【般若心経】（はんにゃしんぎょう）
仏典の一。一巻。『般若波羅蜜多心経』梵名プラジュニャーパーラミター＝フリダヤ＝スートラ。フリダヤは心臓の意味で、最高の智慧の完成の心髄を説く経の意。略して心経。漢訳に諸訳あるが、最も流布しているのは、唐の玄奘訳の二百二十六字から成る『摩訶般若波羅蜜多心経』。

しました。

それからというもの、必死になってあのときに届いた「白骨の御文」と光明を追い求めてタイムマシーンに乗ることになるのです。

念仏を始めとして高野聖[*4]（こうやひじり）に至るまで、また後のすべてを表すテーマの根源である南無阿弥陀仏[*5]の六文字を信ずる境地にたどり着くまでかなりの年月がたちました。それから、現在に至るまでに、大切な親友の死、親類また祖父母や父といった肉親の死、私の妻の大病を受け入れていく中で、ますますその光明と「白骨の御文」は私のほうに近づいてきたようです。

最近になってようやく人間にとって、誰もが受け入れなければならない事実は、暗くて深い底の見えない、そして恐ろしい死、ただそれだけであるように思えるようになりました。あの文章が私に届くまでには、数限りないさまざまな人々の人生と思いが時空を超越して、まさしく遺伝子と同じ形態でこの体の中に浸透してきたのです。

私は、決して一つの宗派の一文章にこだわって紹介させていただいて

4【高野聖】（こうやひじり）
中世、高野山から諸国に出向き勧進（寄附集め）をし、伽藍復興や納骨信仰につとめた僧。のちには行商人となったり悪僧化したものもある。

5【南無阿弥陀仏】（なむあみだぶつ）
阿弥陀仏に帰命するの意。これを称えるのを念仏といい、それによって極楽に往生できるという。六字の名号。

いるのではありません。ただ、時を経てもなお、衰えることのない力と、その根源に宿る無数の命の息吹にほれ込んでしまったのです。なんとも不思議な文章です。ある意味では日本の仏教の中での響きとしてはめずらしく、キリスト教的生命観とも通ずるものを感じます。それは、自分の命というよりも、もっと大きな生命体もしくは、意識体が今この瞬間に存在するのだという点においてです。思想というより一つの認識構造の中に入ることによって、ある世界が開けるのではないでしょうか。今自分が意識していないものが向こうから見えてくる。ここに、ある意味での共通項を持つことが出来るのではないでしょうか。

事実としての一例にこんなはなしがあります。鹿児島県にはかくれ念仏という存在が確認できます。身を隠しひそかに信心を貫いたものは、隠れキリシタンの踏み絵に似たものを感じます。釈尊[*6]出世（お釈迦さまがこの世にお出になられて）よりの御本願「生きるものすべてに与えられた自然の道理」をどこまでも守り通した生き方に感動を覚えざるをえません。以後この御本願についても詳しく述べさせていただきます。偶

6【釈尊】（しゃくそん）
仏教の開祖。釈迦牟尼。牟尼は聖者の意。釈迦牟尼世尊を略して釈尊。釈尊は古代インドのシャーキャ族の浄飯王と王妃摩耶の長子として誕生。姓はゴータマ（瞿曇）名はシッダールタ（悉達多）。生後七日目に母が死に母の妹に養育され、十六歳で結婚し男子をもうける。富裕と安逸な生活ではあったが人生の根源に潜む苦の本質の追究とその解放をめざし、二十九歳の時宮殿を脱出。山林にこもり激烈な苦行を六年間続けたが、初志から遠ざかってしまうことを自覚。山林を出て沐浴し、村の少女から乳粥を受け

然に私の頭の中のポストに入れられた、ひとつのメッセージから端を発したものであるということです。

さてそこで死についてですが、何とかそれを免れるよい手はないものか、この世は広い、誰か一人ぐらいその方法を知っているものがいるのではないか。

今はやりのオカルト教団ですか。いやはやなさけない、私も含めて人間というものは愚かなのですよね。自己の保身のみしか頭にはないのです。芥川龍之介の蜘蛛の糸では、「釈尊が罪人集まる地獄とやらに、一人の極悪人を見つけ大慈悲心をおこされ、一本の糸を地獄に向けられた。極悪人である彼は自分だけが助かろうと、細い糸が切れては大変と下から登ってくる罪人をけり落とし登り続けようとするが、やがてそれも切れてしまう」。わたしも、蜘蛛の糸ではありませんが、上をめざして登り、下からくる人を同じようにけり落としたかもしれません。人間とは悲しい利己の固まりなのです。

このような蜘蛛の糸なるものが絶対にこの世に存在するわけがないの

て体力を回復。菩提樹の下に座り瞑想し悟りを開き、ブッダ「悟った人（覚者）」となった。インドの各地を巡り民衆の苦の解決のために、人々の求めに応じて教えを説いた。八十歳の時、クシナガラの郊外の沙羅双樹の下で静かに入滅。

です。自分で起こした結果のもとの原因は、自分で解決しなければいけないのです。

ちょっと視点を変えて一緒に考えてください。私は職業柄、農産物を扱っていますので自然と接する機会が多く、あの時伝えていただいた「白骨の御文」が光明に関しても死に関しても、その起点から終着までの道理を実に明瞭に示してくれることを感じます。だって皆さん、蒔かない種は芽を出すこともなく、また実ることもないのですから。

最初に蒔いた種は、何かの力を借り、次の代に子孫を上手に、あらゆる自然の営みの中で残していきます。今では、さまざまな理由で森林伐採が行われ、自然林が激減し生態系が損なわれています。豊かな森林は、地球の酸素ボンベの役割をしています。あと数十年で世界の森が消えるとまで提唱している学者もいます。さて皆さん、大気の浄化を果たす森林が無くなれば、私たちは生きることが出来るのでしょうか。考えてみてください。最近では、人間がその中に立ち入るためその微妙なバランスが崩れつつあります。ダイオキシン、さきほどの森林伐採、農薬、フロンの問題など。フロンによりオゾン層が破壊され、将来皮膚癌などがでてきてからでは遅いから、今だったら間に合うのではと、ここで提言させていただくわけです。その意味では、ヨーロッパの国々ではこれらの環境問題についての認識度が非常に高く、また進んでいます。

私たちにも、守るべき文化伝統は数多く残され、またすばらしいものの見方考え方が受け継がれてきたにもかかわらず、第二次大戦後を起点に、大きく様変わりしてきたように思います。日本は先進国の仲間にありますが、それは物質的経済的な面に片寄り、伝統的精神的なものの大切さを、自然を壊して人間は生きられないことを、忘れかけているのかもしれません。挙げればきりがありません。自然すなわち道理は私たちに、無常なるがゆえに、生きるすべての万物はデリケートな存在であり、現在に在る生は過去に形成され、未来の姿は今作られている事をまさしく教えてくれているのです。また、そのことをしっかりと、今生きている私たちが認識しなければなりません。

地球は過去から未来への、すべての生命体のものです。人間だけのものでは決してありません。遠い過去からのすばらしいメッセージはさまざまな形で、いくつも私たちに届けられています。ただ気づいていないだけなのです。この中で私が、ご紹介させていただくのもその中の一つです。

私が、祖父の通夜の席で聞かせていただいたあの文章も、命をおろそかにさせまいと献身されてお作りになられた方があり、それを一心に伝えられた方々の宿縁をいただき、まことの涙を呼び起こさせていただけたわけです。

つまり、文章によって表現されたメッセージが途切れることなく時空を超えて、さまざまなたくさんの人生（いのち）をすり抜けて、継承されてきた結果なのではないでしょうか。

なぜ先述した文章を通して私が受けた波動を皆さんにどうしてもお伝えしなければならないか。それは最近、私たち人類にあまり時間が残されてはいないのではないかと気づいたからです。簡単に、予言などという次元のものではありません。さきほどは、私の職業から自然のお話もいたしました。とくに食糧、農業関連では自給自足の問題も含め真剣に検討しなければ、今テレビで見ているほかの地域のことがまさしく明日の私たちの生活になってしまう可能性が高いからです。とくに今私たちは、平和です。景気が悪い悪いと言いながら町には車があふれかえり、ありとあらゆるものが手に入ります。世界のどこかの地域ではコーンのスープを食するのに何キロも歩いていかなければならない。その食料のある場所に着くまでに栄養失調で倒れてしまう。本当に私たちの国は、景気が悪いのでしょうか。

生きるという意味を見失ってはいないでしょうか。すべての人々が餓死することがないようにしなければなりません。

私たちの周りをもう一度見てください。現在は過去から、未来は今のこの状況の日本から生まれるのです。それはなにも日本だけに限ったことではありません。さあ、そう考えると私たちの未来はだいたいの想像がついてきますよね。

今はまさに平安末期と同じかもしれません。平家一門の滅亡と次の権力争いによって繰り広げられる、意味の無い動乱。体制の不備、天変地異、飢饉、そんな中で当時もいろいろな、新興宗教も誕生していました。状況としてはかなり今と似通った時代なのかもしれません。心の空虚感が「多くの人身を失いうるような厳禁されるべきもの」を生んでいるのです。予言をはじめ、オカルトも世紀末を格好の売り物にしてしまっているのです。堕落の極みに達したと言っても過言ではない状況ではありませんか。

さていつまで、あの文章が私たちに光明を与え続けてくれるのでしょうか。私たちが今すぐに自分たちの生活のスピードを落としていけばまだ間に合うかも。それは、あくまでも地球規模での話です。たまたま私が出会った「文章」、これは私だけのものではなく、もちろん一宗教、一つの国だけではなく、地球人すべてに過去より受け継がれた光明なのです。わたしたちの世代で地球を、生物が存在できないところにすることは許されません。皆さん一緒に出来うることから未来への明かりを地球に灯しましょう。そのために今の私たちに出来ることとは何なのでしょうか。一緒に考えてみることにしましょう。どうかしばらくの間、私と一緒に時空を超える旅に、おつきあいくださいませ。

法然から親鸞へ

仏教の各宗派の開祖の方々は、皆立派であり素晴らしい人物であると思います。たとえ教えの内容、信じる道は異なっても、所詮はお釈迦様の掌の上の話です。その中の一人法然が「選択集」の中で、次の様に書いておられます。「もし造像起塔をもって本願としたまわば、貧窮困苦の類は定んで往生の望みを絶たん。もし智恵高才をもって本願としたまわば、愚鈍下智の者は定んで往生の望みを絶たん。もし多聞多見をもって本願としたまわば、少聞少見の輩は定んで往生の望みを絶たん。もし持戒持律をもって本願としたまわば、破戒無戒の人は定んで往生の望みを絶たん」

つまりお寺や仏像を寄進すること、学問があること、知識があること、戒律が守れることが救われる条件だとすれば、一般民衆はどうなるのか。庶民は救われないのか、という疑問を呈したわけです。貴族のための仏

7【法然】（ほうねん）
　長承二～建暦二年（一一三三～一二一二）。浄土宗の開祖。美作国に生まれ、比叡山に入り皇円・叡空に師事。法然の房号を受け源空と称す。四十三歳の時、専修念仏に帰し東山吉水に草庵を結び浄土宗の法門を開いた。七十五歳の時、四国に流されたが同年末に勅免の宣旨が下される。摂津国で四年過ごし建暦一年に帰洛。東山大谷に住し翌年没。著書に『選択本願念仏集』など。謚号は円空大師ほか。

8【親鸞】（しんらん）
　承安三～弘長二年（一一七三～一二六二）。浄土真宗の

教でなく、庶民のための仏教を目指して革命を起こされたのです。この考えにとても私は惹かれました。

大きな星、法然[*7]ともう一方のこれまた大きな星、親鸞[*8]が引き寄せられるようにして出会うことになったのは、単なる偶然とは思われません。親鸞は、法然と出会うまでの間、比叡山での苦行、「聖徳太子廟」での不眠不休の祈願など、親鸞自身の煩悩と葛藤する日々を幾日も続けていたに違いありません。親鸞は、とくに聖徳太子[*9]を深く尊敬されています。和国の教主とまで絶賛されているのです。おそらくは、太子の生き方が、親鸞同様、非僧非俗（僧侶でもなくまた俗でもない）中立の理想の中にあったからでしょう。太子のことを観音様と一体化させていることからも、また関東では観音様の代わりに太子をまつる寺院があることからもその一端を、うかがい知ることが出来ます。親鸞自身が、太子を日本の釈尊と同化していたのかもしれません。

太子との関係は、不眠不休を経ての磯長《しなが》廟での太子からの宗教的夢告や、太子と縁の深い京都の六角堂での女人への解脱に関する観音さまか

開祖。京都の日野有範の長子。九歳で慈円の門に入り、二十九歳の時京都六角堂で救世観音の示現を得、法然の門をたたき弟子となる。法然の念仏停止に連座して越後に流され愚禿親鸞と自称し非僧非俗の生活に入る。恵信尼を娶ったのはこの頃とされる。建暦一年に赦免されるが翌年法然の死で帰洛を断念。常陸国稲田郷あたりに住し各地に赴き布教し『教行信証』などの著述に専念。その後帰洛したが康元一年に実子善鸞を義絶。『浄土和讃』など著作多数。諡号は見真大師。

らの夢告といわれる感恩的な流れからも想像がつきます。心の奥底にあった彼自身の宗教的な解決がつかぬまま通り一遍の苦行を打ち切られたのでしょう。苦行をしても閉鎖的なある一点のみの感応にしかたどり着けないことを、苦行たるものをとおして実感されたのでしょう。親鸞自身が、その域まで到達するには、私たちには想像を許さないものが有ったに違いないはずです。いわゆる今時の言葉で言う修行という言葉を出来るだけ使いたくありません。今の時代のそれとは、ものが違います。誰よりも親鸞が、人間とは煩悩具足「欲の固まり」であると知っていただけに、それを救済される答えを導き出すことは困難極まりないと自覚していたはずです。煩悩との戦いは日を追うごとに熾烈さを極めたようです。ただある側面のみを見つめた苦行では心を解き放てないことに気づかれたのでしょう。絶対の幸福に到達するのが不可能だと感じ始めていたときに、彼の人生、そして言わせていただければ今の私の人生をも変えることになった、法然との出会いがありました。

後に親鸞は、法然との関係を、「たとい法然にすかされまいらせて、念

9【聖徳太子】（しょうとくたいし）
敏達三〜推古三十年（五七四〜六二二）。用明天皇、穴穂部間人皇后の皇子。厩戸豊聡耳皇子・上宮太子。内外の学問に通じ深く仏教に帰依。推古天皇の摂政として内政・外交に努力し冠位十二階・十七条憲法を制定。遣隋使を派遣し文物を輸入。仏教興隆につとめ法隆寺・四天王寺などを建立。『三経義疏』を著すと伝えるが異論もある。頂法寺の本堂は六角堂と呼ばれ聖徳太子の開創と伝える。聖徳の名は死後に用いられた。大阪府南河内郡太子町叡福寺境内に磯長墓がある。

仏して地獄におちたりともさらに後悔すべからず候」とまで言いきっています。今流に言えばまるで恋人にでもささげるような言葉ではないでしょうか。全身全霊の報恩の一念からきたものに違いありません。東山吉水で念仏を盛んに説かれていた法然とのめぐり会いが、生涯の大きな岐路になります。おそらく彼ら二人の間には「南無阿弥陀仏」この六文字が深く介在しているのでしょう。そうするとこの六文字の中に万感胸に迫らせる何が存在するのでしょうか。私は釈尊一代（お釈迦さまがこの世にお出ましになられた意味）の信心決定させた根本原理と深くつながる一本の線が見えてきました。釈尊がこの世にお生まれになられた意義とも結びつくものです。広く知られる「一向専念無量寿仏[*10]」の強調がそのかぎになってきます。南無阿弥陀仏も一向専念無量寿仏もこれまた、同一体であると私は考えます。「南無」とは、すべてをゆだねお任せすること。「一向専念」、これもまた、他に眼を向けることなくということ。阿弥陀仏[*11]も無量寿仏も、すべての愛の根幹より始まる多面多方にわたる魂の源、節理、道理そのものであるに違いないのではないでしょうか。こ

10【一向専念無量寿仏】（いっこうせんねんむりょうじゅぶつ）
無量寿仏は阿弥陀仏のこと。一向（ひとすじ）に念仏すること。

11【阿弥陀仏】（あみだぶつ）
梵語はアミターバ（無量光）とアミターユス（無量寿）の二つがあり、アミタ（無量）を阿弥陀と音写したもの。限り無い光と命の仏。久遠の昔に法蔵菩薩が衆生救済の四十八願を発し成就して阿弥陀仏になったという。その願を本願といい、建立された世界を極楽浄土・西方浄土という。第十八願では念仏者をそこへ

れすなわちさきほどの六文字と同じ物であり、意味同一物です。すなわち釈尊一代のまことの本願、物質的には存在しない無量の光明、響きがそのなかにあります。

今だから簡単にこのように文章に出来ますが、当時の平均寿命からしてもこの六文字を口にすることは、大変な生きる活力であったでありましょう。釈尊も法然も親鸞も悟りを求める心がずば抜けて強烈でありました。修行は悟りを求める心の渇きであり、その渇きの謙虚さがよく聞く耳を持たせたのです。

なぜ親鸞は、そこまで法然を信じきることが出来たのか。それは、法然自身が南無阿弥陀仏という六文字、これに信*12を得て易行《いぎょう》によって救われたこと、またその中に、生きる歓喜を体感されそのお姿を実際に親鸞もお感じになられたにちがいありません。易行とは、ただ心を解き放つこと。それはすべてを、「南無阿弥陀仏」この六文字の流れに任せること。自分を捨てゆだねきること。涙がかれきるまで泣ききること。泣いていることすら忘れてしまうこと。自分が人であることを感じること無く、

救うというもの。浄土宗・浄土真宗・時宗の本尊。阿弥陀如来。略して弥陀。観音と勢至の両菩薩を脇侍とし、弥陀三尊とする。

12【信】（しん）　梵語シュラッダーの漢訳で、心を浄らかなものにする精神作用をいう。また帰依すること、信仰すること、信心のことをいう場合もある。

野に咲く花に同化してしまうこと。地球上において、生かされた一つの生命体にしかすぎないと、無常の個体になれること。もうこれ以上の言葉では、易行を表現することは出来ません。

その法然が体験された易行に感動を受けそれに賭け、いまひとつ身を任せることを執拗に追求されたのが親鸞です。まずは、法然の生への確信より始まり、親鸞という後継者に受け継がれていくのです。出会いというのは、実に不思議なもので、そのときに自分が清き心で正しく生きていれば、そのような人物にふとめぐり合えることが出来ることがあります。そんな体験を皆さんもされたことはないでしょうか。親鸞は弟子を持つことをせず社会的にも、他の宗教家のように、華々しく生きることもありませんでした。だからこそ、その生涯に一生を賭けた帰依を垣間見ることが出来るのです。したがって、時空を超えて私のところにもやってくることが出来たにちがいありません。

僧とは、お釈迦さまが説かれた仏法を自分の親を始めすべての方に伝えきるのが役目であり、偉くなるのがその本意ではありません。親鸞自身は、僧とは、後の世つまり未来に対して橋を渡す役目をするのが僧たるもので、今の世をうまく渡るのが僧ではないという考えがあり、弟子を持つことをされず、非僧非俗、弟子を持たずの立場を徹底されたのです。親鸞は、しきりに親鸞一人のためにいただいたと、切々とこの六文字に思いを寄せています。これは、親鸞という生命は地球上でたった一つであり、ましてや生まれがたき人間としての生を得られたことへの心からの感謝からであり、尊き我が生命への自愛からだと思います。煩悩に満ちたこの身であるのにもかかわらず、救っていただけることへの有り難さを、自身一人のためという表現で、確立した個人としての自分の人生にたいする自己責任との思いで表現されています。親鸞のためとは、自らの生を深く重んじておられる心から発せられた感性です。人生は甘くはありません、誰もが認めている事です。そして多くの、今に名を残す宗教家たちは、その闘いに挑みました。闘うとは、過剰なエネルギーを燃焼させることで、なかなか凡人には出来ません。完成度の高い人生を求めるがために、そうなるのです。

親鸞は第三者的立場から、肩の力を抜きやがては老いてあるいは病んでいくであろう自らに、自分とは何者かを問い直したかったのでしょう。そしてそのルーツを捜し求めていたのでしょう。おそらく親鸞は、この六文字に出会ったときに、地球という次元を離れ、宇宙空間に解離したのではないでしょうか。このように言うと、変にオカルト的低次元で理解されては困るので、あえて言い換えます。法然しかり、親鸞もまことに人間臭さを持ち合わせています。超人的な幻想および神秘さはかけらも見えてきません。もちろん、空中浮遊して見せることも無かったですし、ただただ、人生の究極的課題の死ということを、とにかく素直にみて、それを寛容に受け入れた後、強い姿勢で生き方に取り入れられたのです。死を受け入れる柔軟な心と本願を、また信心を、言い換えればあの六文字のなかに徹底して信じきる強固な心、これが生きて信心を得るということではないでしょうか。

生きて信心を得るのはとにかく難しいです。ゆえに親鸞にいたっては、肉食妻帯とまで言われても一人の人間として生きとおされたのです。いや、生きとおしきったのです。信心は現世の自分を生かすためのもので、死後に信心を持とうとしても意味がないのです。皆さんも出来るだけ早く、自分の信の生への信心を定めてください。

法然だけでは、おそらく、完結しなかったであろう六文字の一道に親鸞が寄り添うことによって初めて大きな意義を持たせる教説が完成したのです。厳密に言えば、あと一人完結に向けて大きな影響を与える人物が登場することになります。その意味は、親鸞の生き方そのものに注目しなければならない点にあります。弟子一人持たずとおっしゃったように、ご自身の生きる姿のみを透き通った鏡に映し出されたがため、自分が親鸞の弟子であると思って支持するものにさえ、あまりにも清らかすぎて、鏡に映し出されたお姿が、見えなくなっていたことです。厳しく言えば正直すぎた、そんな気がします。実に難しい点です。世俗的に言えばもっと柔軟に人を受け入れれば、当時の段階で爆発的に教団として大きくなっていたに違いありません。

今の新興宗教を見てください。教祖は、神でも仏でもありません。ただの人間という生物です。それが、ビジネスとして、宗教という名を借りて、悩み有る人の心の隙間に取り入っては、悪さをしています。誰にも苦しいとき、死んでしまいたいときは有るはずです。でも考えてください。人間にかかわらず、すべての自然界の中の我々も含めた生命体は、すべて宇宙の中における地球、この自然の節理と道理にしたがって生きるしかないのです。すべてに、近道はないのです。突然に羽が生え空を飛ぶことはできません。一が有るから二が有りそして三へとつながっているのです。

あえて人格的に表さなかったのは、まさに、親鸞流、その当時における、今は映らないが遠い未来において自分の影が出現することを知っていたにほかならないからです。まさしく六文字が理解できていたからです。弟子を持たなければならないというのも、一つの執着心であり、これをことごとく、親鸞は、認めなかったのです。そうして弟子を集めることが、釈尊一流の信を伝えることから離れることを感じられていたのでしょう。

法然、親鸞は、それまで築き上げられてきたすべての教義、社会性なるものを根幹から否定する事になったわけですから二人に対する迫害も強く、そのすさまじさは、想像を絶するものがあったに違いありません。

しかし法然にいたっては、重い流刑がくだされ弟子の西阿が近づく迫手を案じ、法然に一向専念の義、今しばらく（今一時だけそれを口に出さないで下さい）、と思いを寄せると、西阿に対して「一向専念無量寿仏」（いわゆる南無阿弥陀仏）は、この身が八つ裂きにされても曲げることの出来ない本懐と激怒され、破門されたとのことです。なんとすさまじい一念であることでしょうか。さらに親鸞も、ともに法然と同じく流刑になるのです。またその後の彼らの暮らしぶりも、現代に生きるわたしたちには、想像をはるかに超えたものであったことでありましょう。

流罪の地では親鸞自ら田畑を耕作しなければ生きていけませんでした。聖人の立場ではどんなに布教活動をしても聞いてはもらえなかったようです。

「この里に、親をなくした子はなきか、み法の風にたなびくひとなし」、とこのときのご心境をよまれています。しかしやがては、苦しみ悩みぬいている人に弥陀の本願を伝えるご苦労をなされ、少しずつではあるが、その華が咲き始めていったのです。

このあたりで、親鸞は、非僧非俗、世間でいう僧でもなく一般生活を営む俗でもありません。さらには、公然と肉食妻帯に自信を持って実行されていくのでした。普通に生きるのは簡単なようですが、我々凡人には、そこまで人間の、また、人間の内の更なる深淵までさらけ出して生きることは出来ないのではないでしょうか。親鸞は自らをすて釈尊出世の本願（お釈迦さまが生まれ私たちに伝えていただいた節理と道理）の伝承のためのみに明け暮れたのです。

親鸞は法然から六文字にこめられた深恩と全知識を習得することになったわけですが、必ずしも法然と同じ感受で接したわけではありません。どちらかといえば、親鸞によりさらに仏恩の部分が信心深まる、言い換えればある意味において完成された形をとっていきます。

親鸞は、先に述べましたように、彼自身の生き方を「僧にあらず、俗にあらず」と言っておられますが、これも一つ間違えれば、それこそ今流のオカルト教団にもなりかねません。要は、親鸞自身が一生仏法を聞きつづけたということにほかなりません。これはとても大切なことです。この謙虚さを、現代のオカルト信仰教団に問いかけたいものです。釈尊出世の本願、つまりはなぜ釈尊がこの世にお生まれになられたのか、その真そのものの意味をとことん聞きつづける、それだけ寛容の思想が大きかったということでしょう。道理を聞く耳を持つことの大切さではないでしょうか。私は、親鸞以外の多くの宗教家たちは、責めることには強いけれども受け身には非常に弱い面を持ち合わせている、そのように感じます。

私事に戻らせていただきますが、私自身、父の死を直前にして、「ありがとう、お父さん。僕はお父さんの子供としてこの世に生まれることが出来てよかったよ」それだけ臨終間際に、言ってやることが出来ました。しかし父は、肺がんでしたから声を出すことも出来ずうなずいてくれただけでした。ただ心残りなのは、最期になぜ「お父さん、南無阿弥陀仏」

と一緒に耳元でささやいてやれなかったのか。それが残念でなりません。一宗教に関係なく釈尊出世の本願を説けなかったのか。「南無阿弥陀仏（一向専念無量寿仏）」この生命の根幹が、なぜ自分の父の死に際して口に出せなかったのか。まだまだ私には、先人たちの思いが勇気を持って言えるレベルにまできていないのかと、そのときにとても恥ずかしく、やるせない感じをもったことを今でも思い出します。この六文字を、一宗派の決まり事として父に伝えたかったのではなく、心の「信」として大切な大切な父の人生の最期にささげてやりたかったのです。いや父の更なる未来への旅立ちに対する祝福として。どうか六文字に寄せる思いを、小さな宗教的価値観を超越したものとして受け取っていただければと思います。

親鸞が師である法然との別れ際に、「会者定離[*13]、ありとはかねて、聞きしかど、昨日今日とは、思わざりけり」と号泣されたそうですが、まさしく私の父への思いもこの状況でした。この世で親子としてのご縁を持たせていただくことは、渡り鳥が海の真中で小さな止まり木を見つける

13【会者定離】（えしゃじょうり）
この世は無常で、会ったものは必ず離れる運命にあるという仏教の説く真理を示した語。対句に「生者必滅」がある。「盛者必衰」も同義。

ことよりも困難なことではないでしょうか。この尊きご縁をかみ締めて生きてこられたか、自問自答するたびに涙が止まりません。法然も親鸞に、「別れ路の、さのみ嘆くな、法の友、また遇う国の、ありと思えば」と返されました。親鸞と法然も私と父も生まれ難き人間に生まれさせていただき、さらには得がたき親子としてのご縁をこの世で結ばせて戴けました。諸行無常[*14]の中の一点をすごすことが出来た、さらには自分たち自身でははかりしれない他力[*15]によっていただいた生とご縁に感謝する心は同じであったように思います。

14【諸行無常】（しょぎょうむじょう）『涅槃経』の「雪山偈」の初句。仏教の根本思想で、三法印（教えの旗印）の一。すべてのものは時がたつにつれ生滅変化し永遠にあるものではないということ。三法印の二は「諸法無我」、三は「涅槃寂静」。これに「一切皆苦」を加えると四法印。

15【他力】（たりき）仏・菩薩の慈悲や加護の力。浄土門では阿弥陀仏の本願力をいう。自己を凡夫と自覚して仏・菩薩の慈悲力を頼み開悟しようとする教えを他力門というが、深い自己凝視

蓮如の登場

さて、法然、親鸞と受け継がれてきた一つの道が、いよいよ開花するときがきます。

蓮如[*16]の出現です。蓮如の母は寺の名もなき下女だったようです。そして、やがて彼女は蓮如のもとを去ってゆくことになります。蓮如は母を慕い続けます。父母に感謝するところに蓮如自身の信心が感じられます。いくら無量なる仏に手を合わせても父母に感謝する心がなくては本当の信心でないことを、彼は生まれながらに宿命としてその野性みある感性の中で悟ってゆくのです。そこに親鸞の後継者たる由縁が生まれたのでしょう。

当時の北陸地方では信者が少なく吉崎での布教の困難さがうかがわれます。父母への感謝より始まった蓮如の心がはるか時空を超えた「白骨の御文」なる響きとして伝える原動力であることは、今に生きる私たち

と清浄土の実現を常に願い、無我・平等・大慈悲心のあふれる現実生活を開拓することを力説する教えである。

16【蓮如】（れんにょ）
応永二十二～明応八年（一四一五～一四九九）。浄土真宗中興の祖。本願寺第七世存如の長子。四十三歳の時、本願寺八世となり四十七歳の時「筆始の御文」を書く。一般庶民が理解できるように作ったため、参詣者でにぎわうが、比叡山衆徒の襲撃に遭う。京都東山大谷を出て文明三（一四七一）年、越前国吉崎に坊舎を建て教化活動を展開。民衆の支持を得たが国守富樫氏

が忘れてしまった一番大切な真実ではないでしょうか。私は個人的には蓮如の出現で親鸞独自の厳しい生き方（一向専念に対する思いの厳しさ）の道が大きく変化したように思えます。今までの法然や親鸞とはまた異質の宗教家の登場でしょう。非常に時代にマッチした宗教活動を展開させることになります。法然で基礎を作り、親鸞が実をならせ、この蓮如によって大きく開花することになります。しかし、私があえて変化と言ったのにはそれなりのわけがあります。おそらく親鸞そのものの活動では、今の形は無かったかもしれません。しかし、蓮如が親鸞同様に同じ形で世に出ていれば、ただの一僧侶にほかならなかったでありましょう。そこが面白いと言えば、機会なくしては花咲かずで、親鸞がいなくても蓮如がいなくても成り立たない、実にバランスのとれた、これぞまさしく他力とよぶにふさわしい歴史、いやあの六文字の為せる業なのかもしれません。

そうです、私も蓮如の出世がなければあの「白骨の御文」とは出会えなかったわけですから。私が親鸞において確立した本望も、ことごとく

に攻められ京都山科に移り山科本願寺を再興。七十五歳の時、実子の実如に住持職を譲り明応五（一四九六）年、大坂石山に坊舎を建立。本願寺を真宗を代表する強大な宗門に成長させた。勅諡号・慧燈大師。

蓮如によって崩されたように思えます。しかし、時間がたつごとに蓮如の開いた道はいかに彼自身が親鸞のことを理解し、その時代を生き抜きさらには、親鸞の教えを広めるのに言い様のない我慢を強いられたかを思うと涙の出る思いがします。真実を事実のまま伝えきれないもどかしさ。これは、当時の社会状況中の、蓮如自身でなければおそらくは、理解できないでしょう。歎異抄*17そのものの存在がそのことを裏付けています。時流の中で一番根本であるもの、さらには非常に解読しがたい礼拝と信心そのものの絶対感が凝縮されていたある種、刃物の存在の代わりをしていたからです。

それだけ蓮如自身が簡単には、信前と信後では明らかに変われないという人間本来の持つ弱さを知り尽くしていたからです。当時の体制のことも理解したうえで蓮如自身も親鸞に絶えず問いかけながら、その影を気にかけていたに違いありません。蓮如の宗教活動は、明らかに親鸞のものとは相違するだけに私と同様に驚かれたかたも多いと思います。華やかさがある分、蓮如自身の心の矛盾も大きかったに違いありません。

17【歎異抄】（たんにしょう）
一巻。親鸞の没後に弟子の唯円が編集、著したもの。十八カ条をもって構成されている。前半は親鸞の語録で、後半は親鸞没後に発生した異義を指摘し、批判を加え師の真意を伝えようとしたもの。書題は異義を歎じる意。浄土真宗の重要聖典として注釈書も多い。現存古写本のうち、最も古いものは西本願寺に蔵する蓮如が室町中期に写した本で、現代読まれている流布本は多くこの本にもとづいている。

自分の針路を示すことは、当時置かれていた彼の立場から察すると葛藤と苦悩以外に見えるものは何も有りません。親鸞のように自身を宗教の対象に当てはめず生き抜くか。まさしく、この二人の生き方は、現代に通用するものがあります。

吉崎御坊での蓮如の町作りには、宗教家を超えた時代の先人の一面も感じることが出来ます。勤行を浸透させていくのもまた、彼蓮如の卓越した現代流ビジネスセンスと実業家的能力でした。なるほど、ある一定の誰もが見て判る形と規模を整えなければ、人心がついてこないのも悲しいジレンマです。人間は、形がなければ信仰しがたく弱いものです。だから現代でも新興宗教集団が、組織の規模拡大になりふりかまわず勢力を注いでいるのです。蓮如は随所に親鸞を登場させながら、蓮如自身の必要性も前面にアピールしていくことになります。実力と人脈にたけていただけに、体制からの圧力も激しさを増し、このころから少しずつ母体に変化を持たせるようになってきました。いわゆる、信を変えずほかの宗教に対しても柔軟性が出てくるようになるのです。親鸞の『教行信証』[*18]

18【教行信証】（きょうぎょうしんしょう）

正名は『顕浄土真実教行証文類』。略名は『浄土文類』『広文類』など。六巻。親鸞の撰。多数の経・論を引いて浄土真宗の教義の根本を述べた書。

をいかに後世に残していくか、また前面に出せばあまりに厳しかった親鸞の生き方がその中にあるだけに、人心がついてこられないことも蓮如自身よく理解していたに違いありません。彼もきっと眠れぬ日々が続いたことでしょう。私も一経営者として、先代からの積み重ねてきた歴史、まさに今世紀の転換点を迎え激動する社会に自分に与えていただけた任務をどの様に調和させるか。まさに、蓮如が粉骨砕身して本願に向けて心も言葉も絶えるほどの歓喜を得られたように、私自身も自分の理想を実現し、しかも経営的に安定させられるものか、それが可能なのか、私には自信がありません。

今の時代はまさに、肉眼で見ることがかなわないところまで来てしまっています。しかし私の心眼はまだ閉じたままです。私は、何とかあの六文字に恥じないように、大真面目にそして正直に、無理せず急がず生産農家と消費者に本音で真実の経営を試みました。その結果は当然のことながら私の生活が消滅しそうな現状です。自分の生活、自分の会社を守ることで心がいっぱいで、ただ消費を伸ばし収益をあげる事に重点をおかざるをえません。

生きる真理、経営の真理とは何なのでしょうか。どのように向かい会えばよいのでしょうか。真を保持してゆくことはまことに難しいものであります。それでも親鸞との呼応があります。亡き父との呼応がありす。私たちのように食をあつかう者は、命そのものをあつかっているのだという自覚が必要であります。一つの命を消してそのおかげで私たちは自分の生を存続させることができるのです。私はあえて、時代に流されず安全な食品をとことん紹介することに後生をかけました。時空を超えて響く言葉を臨終まで聞きつづけたいからです。そうしてたくさんの皆さんに今の地球の置かれている実態を認知していただきたいのです。とくに食品問題は、深刻です。生殖異常、ダイオキシン、河川、海の汚染。実際に職業として携わる私にとっては、今の地球は、親鸞が法然にお会いになり今変えなければ後生は地獄と悟られたその思いと同状況です。それほど、地球にとっては危機的状況なのです。そのことを、もう一度ご理解願いたいです。親鸞は悪人[*19]でも救われると明言されています。

19【悪人】（あくにん）

悪人正機説を説いたもので、『歎異抄』の第三条は「善人でさえ極楽往生するのだから、ましてや悪人はいうまでもない」という意味のことが書かれている。悪はすでに犯してしまった悪であり、将来に悪を勧める教えではない。また、道徳や法律による悪だけではなく、自己を深く反省すれば、自分が悪人であると自覚せざるをえないということをふまえて、他力を頼むのである。

私も悪人の一人ですが、今からあの六文字のメッセージに導かれ、これからまだ生まれる生命に対してこの地球を元の状態におかえしさせていただき、受け継がせていただこうとしています。どうか一緒にいつまでも時の続く限りあの響きを伝えようではありませんか。我々地球上で生きる生命にとっては、それが必然的な経路であるように思います。

虚偽の排除

親鸞は、とくに占相を厳しく排されています。迷信、利益宗教の虚偽を打破されています。彼の真髄でもあるこの宇宙を貫く道理である万物の流転は永遠であり、この世のある一点にとどまるものではありません。幾百年も生を受けた大木もやがては倒れ、次の命への誕生の肥やしとなり、多くの微生物によって分解され姿を変え、やがては土にかえり形をとどめることなく変化したのち、新たなる生命の源をつかさどることになります。これがあたりまえの私たちの地球上で営まれてきた、平等なる命の変遷連鎖なのです。

その日一日に吉凶があるわけでもなく、もちろんそんなところには、善悪も存在しません。自分の行為そのもので、良悪が決まるのです。人のことを、そこまで的確に占えればもちろん自分の死に方もわかっているわけだから、普通の人間であれば恐ろしくて生きていけるはずがあり

恐縮ですが
切手を貼っ
てお出しく
ださい

112-0004

東京都文京区
後楽2－23－12

(株) 文芸社

ご愛読者カード係行

書　名					
お買上 書店名	都道 府県	市区 郡			書店
ふりがな お名前				明治 大正 昭和　　年生　　歳	
ふりがな ご住所	□□□-□□□□				性別 男・女
お電話 番　号	（ブックサービスの際、必要）	ご職業			

お買い求めの動機 1．書店店頭で見て　2．当社の目録を見て　3．人にすすめられて 4．新聞広告、雑誌記事、書評を見て（新聞、雑誌名　　　　）
上の質問に1．と答えられた方の直接的な動機 1．タイトルにひかれた　2．著者　3．目次　4．カバーデザイン　5．帯　6．その他

ご講読新聞　　　　新聞	ご講読雑誌

文芸社の本をお買い求めいただきありがとうございます。
この愛読者カードは今後の小社出版の企画およびイベント等の資料として役立たせていただきます。

本書についてのご意見、ご感想をお聞かせ下さい。

① 内容について

② カバー、タイトル、編集について

今後、出版する上でとりあげてほしいテーマを挙げて下さい。

最近読んでおもしろかった本をお聞かせ下さい。

お客様の研究成果やお考えを出版してみたいというお気持ちはありますか。

ある　　ない　　内容・テーマ（　　　　　　　　　　）

「ある」場合、弊社の担当者から出版のご案内が必要ですか。

希望する　　希望しない

ご協力ありがとうございました。

〈ブックサービスのご案内〉

当社では、書籍の直接販売を料金着払いの宅急便サービスにて承っております。ご購入希望がございましたら下の欄に書名と冊数をお書きの上ご返送下さい。（送料１回380円）

ご注文書名	冊数	ご注文書名	冊数
	冊		冊
	冊		冊

ません。死んだ人間が、生きている人に不幸をもたらすはずはありません。親鸞のように、信を得て浄土に旅立った人は、再度帰還され娑婆の世で飛び跳ねているでしょうが、信を得ずしてなくなった者は自分の苦悩があるので他人の事どころでは無くなってしまうのではないですか。どちらにしても現世利益を呼び物に商売につなげている輩にはご用心くださ い。私の父だって病にかかったとき拝めば完治する法力が存在するのなら、真っ先に取り入れていました。でも残念なことにそのようなものは存在しませんでした。ただただ大切に人生の終局を迎えさせてやった、この事実のみがあっただけです。

聖人は言っておられます、「寒くとも、たもとに入れよ、西の風、弥陀の国より、吹くとおもえば」と。自分の生は、責任を持って心身の力が衰えても近道することなく心の目をしっかりとあけてガンジス川の砂の一粒を拾い上げるよりも人に生まれることの得がたき、ご縁に感謝あるのみです。そもそもその中間にとどまる因縁、生というものは無く、形を変えずそのままで存在しつづけること自体がおかしいわけで、悲しくともこれが地球上で生きるすべての生命体に与えられた平等なる宿命なのです。ここでの平等とは、あらゆる意味で私の時空を超えた旅での根本原理でもあります。

とはいえ人間たる生き物は、心があるがゆえに一番厄介です。どうしても死を認めたくない人達がいるのです。それが、肉親また自分となればなおさらのことです。したがって、どうしてもその道理を超越できる存在を信じたいというあさましい一心で、現実に見えぬものを見てしまうのです。親鸞の説話的な解釈の中にそれに近いものが存在するのも事実ですが、私は聖人の生き方を見る限りその部分に関しては否定したいのです。見えぬものを見たい、存在しないものがあってほしい、それが人の死が介在していればなおさらのことです。だからいつの世でも、その人間の一番弱い部分に立ち入ってお金儲けをするものが後を絶たないのも現実です。

聖人は生涯ご自身の両親の供養などもされたことはありませんでした。誤解なさらないでいただきたいのですが、ご両親のことを案じなされずにされなかったのではなく、自分の中に持つ信よりほかに、言うなれば聖人とてこの世の道理には、身をお任せすることしか出来ないということです。心で深く思ってさえいれば、それでよく、思い入れが深いからといって、たとえ聖人でも天変地異など起こせるはずも無いということです。

よく親鸞は他力であり、生きることに消極的だと言われる事がありますが、決してそうではありません。他力というのは、ものの道理をわきまえて自らが自然の原理を無視せず、医者でもないのにあたかもまやかしをすれば病気が治るような偽った行為を、宗教家として絶対にしないということであり、ありもしない神を作りだしその名のもとに人心をまどわすことをしないことです。いくらがんばっても万物の道理は覆ることはありません。

どうしても、人間はとくに、自分や近親のものが病になったり不幸な事に遭遇するといたたまれなくなり、わらをもすがる気持ちになってしまいます。それは当然のことなのです。しかしすべての、少なくともこの世での因果はすべてが自分自身にあり、それをすべて受け入れて生きるのも自分だという事です。言ってみれば大変厳しい真実のみを、親鸞は、自ら一人の平凡な人間としてさらけ出して生きられたのです。生死の道理・地球の存在・この中で生を得た私たち以上の何があると言うのですか。存在するとすれば、地球で生きるすべての生命が一つになったときのはかりしれない共生の力の持つ愛のエネルギーの大きなパワーのみです。ただあるのは道理、この現実が、あるだけだということです。

東国上野国（現・茨城県）でのこと、飢饉が続き自ら人々を何とか救済したいと、浄土三部経[20]の千回読経をされようとなさいましたが、今まさに生きて仏恩を与えられている身がこれ以上に何に不足があるのかと、御本願を思いお止めになられております。宗教家として、たとえそんな祈祷をしたところで助からないと思っても、それをすることによって民衆に対しては知名度が上がったかも知れません。しかし、飢饉よりも本当の苦難を感じておられたことでしょう。当時はとくに救済のためのまじないが、あちらこちらで行われていたようです。今とは違い、当時の

20【浄土三部経】（じょうどさんぶきょう）
無量寿経・観無量寿経・阿弥陀経の経典三部。

飢饉は私たちの想像をはるかに超えたものであったことは言うまでもありません。また現世利益として常識化していたのも確かであったでしょう。

人に伝え教えそして救う前に、自分が信じきる事は大変に困難なことです。聖人は確信を持って一向専念（無量寿仏）、つまりあの六文字に、ご自身の信を再度確信なされたのです。

だからこそ親鸞は、生きているうちに、生きても歓喜、さらに生死を越えた信心を決定すべきと力説されているのです。まずそれにはすべてにおいての自覚から出発する事が大切です。聖人の東国での浄土三部経の件に関してもそうです。自分が、どんな状況下においても満たされていることへの認識と満足。生まれ難き人間として自分が生を得たことへの歓喜を観じきること。この世には、因果と道理しか存在しないこと。

人生は墓場への道中にすぎません。聖人の『愚禿鈔』[*21]の中にも、「悲しきかな愚禿鸞、愛欲の広海に沈没し、名利の大山に迷惑して、定聚の数に入ることを喜ばず、真証の証に近づくことを快《たのし》まず、恥ずべし、傷む

21【愚禿鈔】（ぐとくしょう）　二巻。親鸞著。『二巻鈔』ともいう。建長七（一二五五）年成立。上巻は浄土真宗の教相（理論）、下巻は安心（あんじん、実践）について述べている。阿弥陀仏への信に基づく思想の概要を記したもの。愚禿は剃髪者（僧）の謙称で、愚かな僧という意。親鸞は自ら「愚禿釈親鸞」と称した。

べし」と、心をさらしておられるのは、私たちとて同じです。これは告白でもあり、懺悔でもあります。

幾多の命の声無き叫び。これは日常生活をしているうえでいくつもの命の犠牲があって私たちの営みが維持できていることを認識しなければなりません。一切の生命は同源であり、平等なのです。人間だけが勝手に人間を食物連鎖の頂点に位置付けているのです。普段の食生活においても、医学の進歩に見る実験動物においても、新聞などで実相が知らされても驚きすらしなくなるほど、マヒしているのが今の私たちの生活そのものなのです。

さて、後生にたいする自覚が少しでも芽生えてきましたでしょうか。いま私たち人類、とくに日本は恵まれた状況にあることを、おわかりいただけたでしょうか。すべては先人の成したものであり、また現在でも一部の国の地域の犠牲のうえで私たちが豊かにさせていただいていることを。まだその厳しい状況が続いているところがあることを悲しみとして認知しなければなりません。今私たちは気付かなければなりません。

すべての生命は、本来平等のはずです。私たちが質素な生活を心がければよいのです。親鸞は、すべてを簡単に当時の民衆に語り説かれました。

　聖人のこの想像を絶する世界観には、すくいとられたものでしか味わうことの出来ない快楽的歓喜があったのでしょうか。

　正信偈[*22]には「獲信見敬大慶喜」とあり、信心を得ればすなわち大きな喜びがあるとあります。聖人はこの世に無い、宇宙からの隕石でも手に入れられたのでしょうか。さて幾人のかたが、信心を持たれ飛び跳ねるくらいの歓喜をお感じになれるでしょうか。きっと聖人の生い立ちにもそのヒントがあるのかもしれません。

　聖人は、幼いころにご両親をなくされ、誰よりも無常観を感じられておられたはずです。九歳にして「明日ありと思う心の仇桜、夜半に嵐の吹かぬものかは」と深い無常観をあらわしておられます。

　言い様のない孤独、悲しみ、おそらくこの時点で、聖人の心には、人間として生まれてだれもが、時は早いか遅いかであじわわねばならない深い悲しみと無常観を体験されたのでしょう。いつかは来るであろう別

22【正信偈】（しょうしんげ）
　「正信念仏偈」。親鸞の『教行信証』の行巻末にある七言百二十句の偈文。釈尊・弥陀・三国七祖の教えた念仏を正信すべきであると述べる。浄土真宗で朝夕の勤行に「和讃」と共に読誦する。

れ、そのときになって動揺しないためにも、なぜ生きるかを問う必要があると聖人は言っておられます。

今特に、新興宗教が若者を中心に、巨大化しているのを考えると、これだけ多くの人を通りぬけてきて今なお明かりを輝かせる聖人のメッセージを、私たちは、葬儀や法事の材料化してしまっていることにも大きな問題点があると思います。本物を本物として伝えるには、私たちが本当の人間としての暮らしを取り戻す以外にはありません。今世界にはたくさんの宗教があります。さまざまな名で呼ばれています。私がメッセージとして受け取った阿弥陀もその一つ、神もその一つ。ただ言えることは、すべては国民性やつちかわれてきた文化の相違であって、すべてを目覚めさせてくれる働きをするのは愛ではないでしょうか。愛が、道理を伴うときに発せられるエネルギーが、私の言う弥陀であり他の民族的な総称として名を変え、摩訶不思議な力を発するのではないでしょうか。地球救済を人類全体でアピールしなければ根源を見失うことになります。聖人が今の世を見られたならば、いやすでにこのことは聖人自身おわかりになっておられたことなのでしょう。

二極化

この世の中は、常にある意味で二極化されています。助けてほしい、経済的に豊かになりたい。これらはすべて有無の対比、とらわれの心から出発しています。しかし人間として生まれたからには、この葛藤からそうたやすく抜け出すことは出来ません。損得にとらわれずとは簡単に言いますが、なかなかそうは出来ません。固執すればするほど、泥沼に入り込んでしまいます。それが私たちの暮らしのある、娑婆の営みなのです。また欲望にもきりが無く、車がほしいと思い、買えばまたしばらくすると、もっと良い物がほしくなります。隣でピアノを買えば、我が家にも、誰かさんの家の子供が塾に行けば私の子供だって、マイホームにしてもしかり。あげくの果ては、夫や妻までもがその対象になります。なんと人間とは欲の尽きない愚かな生き物でしょう。

新聞をにぎわす宗教団体が、口にする言葉は、解脱。[*23]よくお聞きにな

23【解脱】（げだつ）
　梵語ヴィムクティ（毘木底）の漢訳。煩悩に心を縛られている状態から脱して、絶対自由の境地に達すること。解脱の境地を涅槃ともいう。

られるでしょう。

人をすべてから解き放つ、有無を越えた世界に眼を開く。すべての現実における貧富、病、健康といった二極化からの解放なのです。釈尊、法然、親鸞、蓮如この流れの中ですべては、平等に救済されてきました。それも一方的でなく常に自分自身も心を開き先人のお説きになられた光に自覚を持ってお任せしましょう、ということのように思います。重要なのは、はるかなる時を超えて、今の世にまで伝えられたのには、数えきれない尊い命が介在してきたという重みです。そこには安易な宗教ビジネスなど微塵もありません。

私たち人間は、望んで生まれてはきません。偶然性をもって誕生するのです。しかしながら、死はどうでしょうか。必然性を持って必ずやってきます。だからよけいに不安であり、より超能力的なところに心が動くのです。考えてみてください。老若もさきほどの二極化の中に入っています。若いときには、難行苦行も出来ますが、老いてからそのようなことが出来るでしょうか。それは、若いときにしか出来ない一つのおごりだと考えてください。老いても信を得て釈尊以来の本願の心であれば常に大慈悲をいただき安心して、因果の道理のなかであの六文字のもと聖人と共に意義深い生が楽しめるのではないでしょうか。自己を知るということは仏を知るということにつながるのではないでしょうか。仏の顔も三度までと言われますが、原則の厳しさも考えたいように思います。何でも仏様でしたら、お許し下さるでありましょう、まさに親鸞は、悪人でも助かるとおっしゃっているのですから。

いやそうではありません。親鸞の言葉の中で、一番誤解されやすい意味の一つです。誤解はいけません。釈尊よりあらわされた仏にもかなわぬものがあります。この大宇宙の中で起きる、因果の道理はくつがえすことは出来ません。自分の現在は、過去からきていること。さらに、自らもって仏縁の光にあたらなければ、常にご縁をいただける生き方でなければ仏は手をさしのべてはくれないのです。気付いた時点において、常にあらためて生きていくということです。それに、自分が独自の判断で欲するままの生き方をしてしまったときは、勝手に悪事を成したということです。さらに、それに気づこうとしていない行為です。蒔いた種は自分で刈り取るしかないということです。以上を守れれば聖人も安心して私たちの、心の恋人におなりくださるのではないでしょうか。

またここでこの議論を出しますと、門徒の皆さんにお叱りをうけるかもしれませんが、私は親鸞自身の最期は、書物などで伝えられているものよりももっと、華やかでなく、一宗教家としてはごくごく質素なもので人間的でなおかつ普通の死をお迎えになられたように感じます。と言うのも聖人ご自身が、ご臨終に際しても、おなくなりになられるさま、様相にはとらわれることなかったのは、生きて信心の決定を確立されていたにほかなりません。その臨終のさまを、あえて美化豪華と賞賛されることは、聖人がご辛抱を重ねたご生涯の集大成の方向を変えてしまうことになりかねません。よく言われるのが、死んだら阿弥陀さまが、お迎えにこられるという信仰です。糸引き念仏といい弥陀の来迎絵を前にして臨終を迎えた者と、その絵を糸で結ぶというものです。死んでから来ていただくのではなく、生きている間に、心の根底から自分がその存在を納得しなければなりません。親鸞は、常にそのことをお説きになっておられました。

「三世の重障みなながら、かならず転じて軽微なり。」これは過去から未来にわたって私たち自身の罪悪が、まったく無くなるのではなく、軽くしていただける、と言われているのです。重たい荷を背負うよりも少しでも軽いほうが良いに決まっています。因果の中でここまで明言されていることは大変有り難いことではありませんか。それも、あの六文字を称えるだけでと、誰にでも出来るようにしていただいているのです。

すなわち、生きて往生、生死に関係無くご縁をいただけたことに歓喜できるかということです。生死を越えて、どちらも柔軟にかつ寛容に受け入れることが、今生きている中で聖人の言われる「金剛心」（今この瞬間から釈尊よりの心の流れを、信心として決定する強固な意志）となる生き方につながるのではないでしょうか。ご縁とは、長々と人々のさまざまな生を介して受け継がれてきた釈尊出世の本願に巡り会えましたかということです。人間として生を正しく受けることができ、また地球上すべてのものの恩恵を受け、すべての生きるものの中で次にバトンタッチがスムーズに出来るということは、とてもすばらしいことではないでしょうか。私たちは、一人ではないのです。植物、動物、水、空気いろんな仲間と暮らしそして、その中に帰っていくのです。悲しいことはありません、寂しいことはありません。私たちに代わり次に誕生するさまざまな生命に祝福を、贈りましょう。

親鸞は関東での「法の友」（信心を同じくした仲間）との別れに、「恋しくば、南無阿弥陀仏を称うべし、我も六字の中にこそ住め」との歌を残されました。

今私自身も、この歌を「一人居て喜べば二人と思うべし、二人居て喜べば三人と思うべし、その一人は親鸞なり」と、心にきざみ生きております。そのように思えば寂しくはありません。すでに先だった父、友人、ひいてはお釈迦様・法然・親鸞・蓮如すべての命がこの六文字の中でいつまでも生きつづけているのです。それは、なにも親鸞でなくとも、各民族のまた各人の愛ある存在であればよいのです。南無阿弥陀仏、この六文字の中には、釈尊の出世より始まり法然・親鸞・蓮如とかぞえきれない法の友の思いが込められています。そもそも念仏とは、人、すなわち生命を尊重することから始まっているのです。時空を超えて現代にまで届いた南無阿弥陀仏という六文字のメッセージが、新しい時代の地球の救世主となり、すべての生命が平等に生きる世界が必ずくることを祈り、私にまで伝えていただけたことと、その尊きご縁に、深く感謝いたします。

各地で起こっている民族および宗教紛争によって、多くの難民の皆さんが貧窮した生活を余儀なくされています。たまたま私は、六文字の世界を旅してきたわけですが、すべてにおいて生命の平等性に代わる原理・法則・道理は、存在しません。私へのメッセージも、世界のそれぞれの民族へ送られつづけているそれも、基本は同じ起点であるはずです。少なくとも、人類がこの地球に登場してからの歴史なんて、地球の誕生からの道のりに比べれば一瞬にしか過ぎないのですから。

おごれる生命体・人間ではありますが、優れた理性を持っていることを、どうぞ忘れる事勿れ。今地球そして全人類自体が、共生または協調の秋という季節を迎えているのではないでしょうか。

親子

我が子をかわいく思わない親は、どこにもいません。しかし、なんという哀れなことでしょう。親鸞は、高齢になってから、長子の善鸞[*24]を絶縁するという、なんとも悲しい現実があったのです。以前から、関東において善鸞の言動には、目にあまるものがありました。親鸞とは、まったく異質の布教活動を行っていたのです。本物であるがゆえに、お金儲けにはつながらない。それは、現代でもまったく同じことが言えます。「こうすれば病が治る、こうすればおかねもちになれる」。まして親鸞の名を使い「子である私にしか秘法は教えられていない」となれば、そこに集まる信者も増えるのは当然です。最後の決断を下されるまでには、かなりの苦悩がおありになったことでしょう。

また親鸞のことをねたむものは、善鸞をそそのかし、親鸞の関東の同朋たちもかなり頭を痛めていたに違いありません。親の七光、今でもあ

24【善鸞】（ぜんらん）　鎌倉前期の浄土真宗の僧。親鸞の実子。親鸞帰洛後の関東に名代として派遣されたが、親鸞に背く説を唱えたとして、建長八（一二五六）年五月二十九日付の親鸞の消息（書簡）で義絶された。

ちらこちらで見かけることはありますが、すべてが親鸞と善鸞の関係とは言えません。自分自身が信を得るのに全精力をかけ、ひとびとに伝え苦しんでいるのに、子供が一番遠くに離れていくとは、これまさに無情。

聖人とて、後に述べさせていただきますが、仏もまして聖者の子であっても、勝手に起こす因果、業によって引き起こされたものは自業自得であり、自らご縁を結ぼうとしないものに、その行為をすくいとることは出来ないのです。いくら他力とはいえそれほど甘いものではありません。というよりも、それが因果の道理なのです。この世の常識です。

矛盾や葛藤の中で自分が伝道師となりきれるのが宗教家であり、自らのあさはかな知恵や無用の解釈は必要無いのです。

まして親鸞自身が、釈尊出世の御本願を伝えきられているわけですから。なんともあさましきかな善鸞。親鸞は、愛される値の無いものが、つまりは、親鸞自身が、仏の大きなお慈悲によって抱かれているという非常に謙虚な原点を持っておられます。遇いがたきご縁を仏よりいただく、遇いがたきご縁をこの世で親子として結ばせていただける。これほど尊き宿縁は、ほかにはありません。善鸞は自我というのが強すぎて仏さまの教えに耳を傾けることが出来なかったのでしょう。カリスマという特異な個性を求めたがため自らを見失うことになってしまったのでしょう。現代にも言えることですが、カリスマなどという勝手な個人の独自性は必要ないのではないでしょうか。あくまでも社会性の中で常識という範囲を超えては、個性ではなく暴走にすぎません。その独走によって他人に不快感を与えては生きる上においては失格ではないでしょうか。

さきほどの話ではありませんが、会社を継いだ二代目にはよくあることのようです。原点は一つ。受け継いだ宝を独り占めせずに、世のために実践出来るか否かです。経営とは、いかに真実を一生かけて追求できるかではないでしょうか。宗教的価値観となんら変わることはありません。報酬、利益は、いかに自分が、すばらしい種を蒔いて育てたかによって決まるのではないでしょうか。実るほど頭をたれる稲穂のように。このような状況があり、時間を置き、しっかりとした後継者、蓮如の出現を待つことになるわけです。

今世界ではストリートチルドレンの存在が深刻化しております。社会性や、希薄な親子関係だけでは説明できない不平等な貧困の実体が大きな原因をなしています。私たちの国も終戦当時同じ状況を体験し今日に至ってまいりました。

今の世界の事実と私たちの立場は、けっして切り離せないことを認識し、足元をもう一度見つめるべき時点に入ってまいりました。

本願

親鸞は、還暦を過ぎてからの文筆活動がとくに多いです。関東を離れ、京都に戻ってからの信心追求への熱意はその各著書にも顕著に表されています。聖経の書写を含めれば、そのご真意が、うかがわれます。もちろん、若いときからのたゆまぬ勉学への努力があったからこそです。耳を傾ける、いわゆる仏法を聞きつづけるこの姿勢が、書写の精密さと、著書の書面から伝わる迫力として随所に見られ、圧倒されるのです。

親鸞にさらに私なし。この言葉が示すように聖人は、自ら法然との出会いに、深く人生での比重を置かれています。これは、法然だけではなく釈尊御出世からの本願信心のみを、全知識を使って伝えきることに生涯をおかけになられたのです。法然から受けたあらゆる面での影響が、法然への賞賛という形でこの『教行信証』の中で見ることが出来ます。

親鸞自身が、自らを信一心（信じきるという事一筋の生き方）の自分無き存在としておられることに私は強く魅了されるものを感じるのです。

思いは、はるか時を超えて伝わり来た先人たちの思想に足跡をたどり、自らはごく人間的な体験に基づき、この二つの絶妙なバランスが、『教行信証』の中に存在します。あらためて、聖人の御苦労があればこそ今日我々が拝見できることに感謝しなければなりません。

基本は一つ、永遠に人は自らが過去に定めた自分の因果、つまり良悪の根本原因になる行為によって始まり、それを起点にしてそれぞれの道に分かれていくのです。

今自分が幸せでないと考えるならば、その時点で懺悔をして改め努力をし自ら向上するように努める。それ以外には、安易な道は無いということです。

長い経を読んでもらったら、どのような罪深い人でも助かるのでしょうか。蓮の花が咲く池に小さな石を投げたとします。そこのまわりでいくら聖人が、読経されても池に沈んだ石は浮かび上がってはこないのです。そのことは、罪を犯した人、また自分の過去の因果性だけではなく、すでに亡くなられたかたへの供養というものに関しても同じことが言えます。誰もが亡き人への思い入れは同じです。また悲しみの大きさも同じです。それでも、追善供養をしたからといって死者に通じるものは無いのです。死んでから、お墓にふとんをかけてあげてもだめだということです。親孝行は、親が生きているうちにさせていただくものであり、亡くなってからりっぱな葬儀をするものではないということです。先に旅立つものは早くに信心を得て後の世の導き手となり、その繰り返しをすることですべてが同朋[*25]となっていくのです。人間の悲しい実相は変えることが出来ないのです。だからこそ、聖人でさえ親のための孝養はなされなかったのです。ただの儀式だけで、生死の領域に入ることを厳しく戒められておられます。

親鸞は先祖のご恩に報いることは無いと、おっしゃっているのではないのです。真に報いるには私たち生きる身が明るく強くそしてたくましく生きぬくことがそれに報いる道であると、私たちに願っておられるのです。お経とはそもそも釈尊が、私たちに幸福に生きるヒントとしてお

25【同朋】（どうぼう）

浄土真宗の語で、同じ信心で同じ道をあゆむ同志。他の宗教では同行（どうぎょう・どうあん）などという。

示しになられた、自分たちで考えるための鏡なのではないでしょうか。鏡に映る自分の姿を常にうつし出すことによって迷路に入らぬようにするための問診表だと思います。

聖人はこのことについて激しく実相を見極められ、儀式的化してしまっている供養を否定しているのです。自分の悪行によって地獄とやらに落ちた先祖を、未だ信心が確定しないものがたとえ供養などしたところで、浮かび上がらせる事など出来る道理も無いと。

ひとたび、わが身人身を失えば、二度と復活は出来ず、だからこそ生きている間に、各人の信心を固め、親孝行をしてさらには世のため、生きとし生けるすべての万物に感謝し、そのために身を投げ出し、奉仕をするのだと言われているのです。そこにある無常観こそ、信を得るのに気づかせていただく扉なのです。

現在葬儀は、もっとも重要である信心の決定をないがしろにして、儀式に重点がおかれていることが多い。人が集まるということにおいてはそれなりに意味もありますが、その場で時間をかけ亡き人のご縁で集まってこられたかたに、救済の本願をご説明申し上げ、一日も早く多くの人に信心を決定していただき、人類救済の出来るかたを一人でもたくさん出現させていただきたいとお願い申し上げ、既存のお受け継ぎを成しておられるご関係者の皆様に心から願望するものであります。もっとも、蓮如のころには、『正信偈』と『三和讃』を刊行され盛んに仏縁を結ぶための御説法もなされていたようです。

『教行信証』は、比叡下山・法然門下での年月、越後・関東これら聖人における波瀾万丈たる人生の集大成であります。

超越した存在

日本人は元来師弟の関係を大切にする傾向があります。これは私たちに根付いた文化的なものからも来ていて、ある種大切なことでもあります。しかし最近の新興宗教の劣悪ぶりを見るに親鸞がなぜ弟子を持たなかったのかに注目が集まります。一人の人間としての値打ちのかけらもない師のために、その関係を強調するがあまりに弟子がよい金づるになり、また、弟子のほうも宗派内での位を上げるために手段を選ばずに逆に師を利用する。これはまさに人間の欲と本質を見抜かれた親鸞の、弟子を持たないという考えがいかに的を射ているかがわかる事例でしょう。

さらにご縁とは師と弟子のものではなく師と呼ばれる人も含めて各人が個々に結ぶ対仏様とのご縁のことであり、仏様とは無量の存在であり、この現実の空間を動かす大きなエネルギー体としての不思議な意志ではないでしょうか。その本来の生命の総称が仏であり神であるのです。どんな人であっても上下なくその元の永遠なる意志に動かされているのであり、師によって動かされているのとは訳が違います。ここをよく理解していかなければいけないのではないでしょうか。各個々対南無阿弥陀仏ということです。それぞれの中に、この六文字との関係が介在するのであって、その間には、教祖なるものは必要ありません。元の永遠なる意志に私たちは生かされているだけであり、人としてするべきことなど、そんな大層なことなど何もないのです。飾るが故にそこにおごりが生まれ、人としての自我が生まれてしまうのです。

人は悲しいかな危うい存在であり何かに頼らずにはいられないのが事実です。でもそこに動く大きな存在が目に見える形状でないために迷いが生まれ、善人と称するものに心の隙に入り込まれてしまい、まったく違う方向に人生を進めることになるのです。でもこう考えてはいかがでしょうか。迷いがあるのとて、たったこの世一代のもの。今気づき方向を正せば永遠のものではなくなるのです。思い切ってすべての悪縁を断ち切ってしまう。それが今の自分にとって愛であると感じていてもです。

それくらいの決断がなければ真の生には届きません。親鸞はたった自分一人のために、これを救ってくださるためにという思いを表現されています。これは聖人のおごりでなく私たち一人一人にも言えることです。この世で自分はたった一人しかいません。これがとても大切な捉え方なのです。自分はこの世で一人、おのずから自分の存在が大きくなりすべては平等に働きかけられているのですから、親鸞に与えられ親鸞が感じた無量のエネルギーは私たち自身にもまったく同じように降りかかっているのです。そのように考えられた親鸞は、この生への平等性の尊厳を人一倍感受性を持って感じられ、その大きさと自分との関係を確かに確立したのです。私たちも早く同じ平等性を持った超越した存在を自分の中に見つけるべきです。親鸞もたった一人で何十年もこの超越した大きな存在と対話しながら生と戦い続けたのです。そして私たちにとって一番よい方法で先の見える導きを自らの生き方をもって解明していただいたのではないでしょうか。

大きな動き、超越した存在エネルギー体としての意志、それはすべて各人それぞれ自分に対して自分のためにいつも語りつづけているのだということを気づいていただきたいのです。だから親鸞はいつも弟子の顔色をうかがうことも無く前をのみ向いてひたすら歩みつづけられたのです。

私たちは周りの人とではなく大きな存在といつも真剣に向き合い、苦悩と戦っているのだという意識が必要な孤独なものなのです。甘えはどこかに捨てて、力強い生の根元から吹き出る息吹を自分自ら出していけば、その大きな超越した存在と真っ向から向き合えるのではないでしょうか。そして対話しつづけて生も根も尽き果てたときに心の中が愛という光（自分に対しても、他人に対しても生きるすべてに対する愛というエネルギー）で満たされるのではないでしょうか。自分の生をどこまでも大切に追求すればそれが行われているときは自然に他人にも柔軟であるはずです。自分が自らの指導者であることを忘れずに自分自身と戦うことが親鸞の生きた真の力強さにつながるのではないかと思います。

親鸞でさえ迷うのですから自分が迷ったり落ち込んだりすることは当

たり前、それが自分であり人間なのだと私はいつも考えています。そこで大きな流れに身を任せてある意味で居直ることにより、より親鸞の生き方に近づけるのではといつも心に弱さを認識しています。揺れ動くからこそ楽しみも悲しみも感じられるのであり素直に感情を表現できます。悲しいときには泣き、うれしいときは人前でも笑い多くの感動をより大きく表現するように心がけています。親鸞が生きた暗く深い夜に比べたら、私たちなどは親からいただいた、また世の中からいただいた生活の中で文句を言う資格など無く、自分のほどをわきまえていればそのうち雨もあがり夜が明けるのではと思い生きております。

私の父だけではありません。多くの皆さんが時代の流れの中で経験されたことでしょう。父は貧困ゆえ十四歳のときに当時の義勇軍というものに参加し旧満州（中国東北部）に強制的に行かされたそうです。十四歳といえば青春の真っ只中、私たちの生活からは想像もつきません。父はよく旧満州での生活の話を私にしてくれました。まさに地を這うような生き方であります。今の若いかたの中には事実さえ知らないかたも多いでしょう。苛酷な環境の中で毎日周りの仲間が死んでゆきます。栄養失調、伝染病などが原因です。明日はわが身かと何度も思った、と。そんな中でいつも思い浮かんだのが母親の顔だったそうです。父は「男親は損やな」と言いました。「夜になり気温が零下となり、眠れないときには（父の）母親の顔しか頭に浮かばなかった」と。でもそんな経験談をしてくれた父は、「さびしくても人間は死にはしない」と言いました。この言葉は私の人生のくさびになっています。そんな父も今はこの世にいませんが母は健在ですので、親鸞の生きられたように仏縁をしっかり受け止め安心[*26]ある生き方で母を安堵させ父の分まで親孝行ができればと思っています。

26【安心】（あんじん）　信仰によって心が不動の境地に達すること。弥陀に帰依して念仏を専一とし、浄土に往生することを信じること。

人間の実証

人間親鸞として、何物にも、とらわれず、まさしくご自身の死に方にも形作ることなく、あえて普通の死に方という言葉を使わせていただくほど、本当に一人間、親鸞であったように思います。

私も含めて格好はつけますが、いかにも人間とは何ぞや。そこまで徹底できることは無いでしょう。親鸞があくまでさらけ出して生きた尊さを、後に生まれたものが額縁をつけて飾る事はありません。そのお役目は、蓮如がこれまた御身を犠牲にされて親鸞の意志を暗黙のうちに、私たちの時代にまで伝えるようにしていただいたのですから。

私は、「安城の御影」という親鸞の、肖像画を拝見させていただいたことがありますが、今まで自分の中で思い描いていたとおりの聖人の、お姿がありました。まさにそこには人間親鸞がおられたのです。ほかの、宗祖の御影はまさしく華麗でこれこそ超人というものが多い中、聖人のお姿は、普段着のまま、周りの末のお世話をされていたかたの影が見えてくるほどに、生々しく人間親鸞そのものでした。高僧像とは、まったく無縁の老僧親鸞です。

霊界に始まり、予言死後の世界、大きな世の移り変わりがあり、もともと人間自身が、死に対して逃避願望が強く今すぐに直面することは少なくとも自分には無いであろうと思って生きていますから、最近各地で起こっているまさに世紀末かと思える状況に遭遇して、あえて自身にも起こり得る問題として認識しだしてきたのが逆に混乱を招いているのです。

最近ではよく臨死体験として知られていますが、それはあくまでも死亡したのではなく、そのまさしく直前の状況なわけです。おそらくは、その状況に接する機会にめぐり合ったかたは、思いもよらない恐怖で現実が認識できないまま、心で判断できる落ち着いた状況に戻れるまで理性と思考が不安定な形で頭にインプットされていたのでしょう。

やはり、実証的に観察しなければ納得がいかないのでしょう。

しかし、現実として死はそこに存在するのですから、悲しい、虚しいけれどもこれを体験しつつ乗り越えるところに、眼を向けなければならないのです。

それは、死ではあっても、死ではなく真実のみ存在する世界つまり意識そのものなのではないでしょうか。だからといって親鸞は、あの六文字だけを、念じていれば救われ理解できるようになるとは、おっしゃっておられません。愚の親鸞と自ら言われていますように、常に裸のままで世間にさらけ出しておられます。親鸞自身が地球の生命体の一分子として同じ立場をとっておられます。

本当に今の社会で起こっていることを、その現実に眼をそむけずに見ることにより、そして、あらゆる現実の実態を把握し自分の心をすべて開いて受け入れることによって今まで意識していなかったものが見えてくるのではないでしょうか。地球で人間が起こしている無意味な行為、環境問題・戦争・人種差別、いたるところに苦悩は存在します。生命とは生きている命です。人間だけではなくすべての生を意味します。その根幹にある痛み、刺されれば痛い、切られれば痛い、踏みつけられれば痛い、このことは昆虫だって、植物だって同じだということを理解すること。そこに、親鸞の言われる真を信じる信心が生まれてくるのだと思います。そのことを伝えるための手段として南無阿弥陀仏という六文字をお使いになられているのです。したがって六文字にこだわることなく、これから先本当の意味で地球を支えていくことが出来ればそれに越したことはありませんが、先述のように我々人間自体があやふやな存在ですから、この六文字を真の糧にして未来にまでメッセージを、送り続けられればそれに越したことはありません。私はとくに一宗派にこだわっているのでもなく、一宗派のスポークスマンでもありません。真剣に今の社会と、未来の地球を美しいままの姿で子供たちに引き継いでやりたい一心で書かせていただいているのです。ただあの「白骨の御文」とそこからたどり着いた親鸞という人間らしい生き方をした先人に感動しただけです。このことを是非ご紹介させていただきたかったのです。

私たちの小さな、小さな善なる行為を、天動の時空を超えた大きな響きは、見逃すことはないでしょう。

私たち人類が、また個人がいくら大きな仕事をしてもそれが善でなければ意味がありません。そしてその行為が私たちの今後の永遠なる生命体としての流転を決定するのではないでしょうか。すべての存在が平等に時空を超えた響きの中にあり、その働きが大きく動けば、私たちの行為そのものが、小さきものであることを思い知らされるでしょう。徳をつみ重ねることを特に私たち人類がおこたることは許されません。それは生まれながらに私たちには理性が与えられているからです。さあ皆さん、一緒に大いなる無量の働きの中で本来の自分の生き方をいち早く見つけ、精進する義務をもう一度思い出しましょう。

私たちには善なる行動をなさねばならない理由（わけ）があるはずです。どうぞ皆さん考えてみて下さい。

伝　承

釈尊入滅後もその多くの資料は、後に弟子たちをはじめ周囲の取り巻きによって記録されやがては文章という形をとることになりますが、もとは、記録の前の記憶から出発しているのです。そして記憶が伝承という形で後々まで釈尊の教えを遺す道しるべになっていきました。

特にここで述べさせていただいている念仏宗[*27]にはそんな一面が数多く見られるように感じます。それは、他の宗派でも民話、あるいは説話として語り継がれているものが数多くあります。またその人から人への、顔を通しての伝承が一番大切なことではないでしょうか。子供たちが、おじいさんおばあさんからお話をしていただき、またそれを受け継いでいく、ここに本来の文化が存在するのではないでしょうか。

今のように、ただ文章や写真だけでは、心に、響き伝わってこないものがあります。ましてや、インターネット時代となればなおさらのこと

27【念仏宗】（ねんぶつしゅう）
阿弥陀仏の救いを信じ、その仏名を称えて、浄土に往生することを願う仏教宗派。融通念仏宗・浄土宗・浄土真宗・時宗など。念仏門。親鸞は他力念仏、すなわち、浄土に往生できるのは念仏する者を浄土に迎えようと誓われた弥陀の本願の働きかけにより念仏を称えさせられ、信心を得るからであるとしている。

です。それをうまく活用し事実を広い地域に伝達できれば良いのですが。人から人への伝承が大切なのは、そこに介在する一番大切な生命のリアルな躍動感が生まれやすいからです。

阪神淡路大震災のこともそうです。確かにたくさんの記録が残り、映像としても貴重な資料が保存されています。でもやはり、現地に入り実際に被災されたかたに当時のお話を聞かせていただかなければ、そのときの恐ろしさ、大変な生活ぶりは、こちらの心には伝わってきにくいように思います。

私もボランティアでわずかの期間参加させていただきましたが、家でテレビから伝えられるものとは、大きな差がありました。

寒さ、空腹感、悲しさ、何が起こったのか理解できないまま、多くの死体を横に自分だけがただ生きているという事実。人が人でなくなってしまうような日々、毎日の生活の連続。私自身も当日は大阪で大きな揺れを体験しましたが、実際に神戸では比べものにならない現実がそこにはありました。神戸に立った時、ただただ涙が止まらず、その後二カ月程は私もショックでろくに食事をとることができませんでした。まさしく地獄がありました。

どうか皆さん、機会があればぜひ神戸を、そしてこれから述べさせていただく広島をおとずれてみて下さい。そして自分の目で心でこの地に同じ生を受けた人たちが一瞬にして亡くなられた現実を、その場所に立って確認してみて下さい。風は誰にも平等に吹いているのに。その風をぜひ一人一人感受して下さい。

もっとさかのぼれば、広島の原爆の伝承はどうでしょう。時代が過ぎ被爆された方々が、かなりの高齢になられております。アメリカ軍によって撮影された被爆直後の映像などは、テレビなどで放映されましたが、さきほどと同じで、現実に直撃を受けられ全身にやけどをされ、たすかるすべも無く逃げ惑い、まわりでたくさんのかたが亡くなられていくのを見ながら次は自分かという思いで、幸運にも命を与えられ、今日まで生活をされている皆さんの思いを是非肉声として受け継いでいかなければいけないのではないでしょうか。

仏法を伝えていくことと、悲しい体験をされたかたの声を伝えていくのは同じことだと思います。本来の仏教、仏法とはそこにこそ存在するのではありませんか。

今私自身も、過去においてさまざまな、つらい現世を生きぬいてこられた皆さんのことを思えば、けっして軽はずみな生き方など出来ません。私たちにとっての一番の敵は欲望です。どうか皆さんどんな状況においても自分の良心に従って下さい。

オカルト現象、予言に始まり水子供養も生きるうえで意味があるのかも知れませんが、自分のことだけではなく、少し心を静めて冷静に判断してみる時期にきているのではないでしょうか。

ただ誤ってはいけないのは、過去の宗教事件にも見られるように、伝承していく側、伝えていく側に、狭窄的なものの見方と、閉鎖的社会性を持ってはいけないということです。あくまでも、真実を、思想を的確にとらえて、受け手が無意識の状態で動機を持たずに面授させていただくということではないでしょうか。

親鸞も、自身も偏見を持つ、と自らが問題提起なされています。いままでに、肉声で伝えられてきたからこそ、この中には確かな人格も存在し、たくさんの信心を決定させ、また我々現代にまで届いたものに『歎異抄』なるものがあります。これは、親鸞の肉声を伝えるものとして名高いものの一つです。まさしく肉声、面授のみでこの中に真を重ねて時間を超えさせてきたエネルギーが、凝縮しています。この内容は私が、この書で述べさせていただけた各部位に概要として、取り入れさせていただいているつもりです。

先人とのより深い対話が今望まれているのではないでしょうか。先人の生きた記録をひも解くことによって、今私たちの歩いている足もとの小石や、水たまりが見えてくるように思います。

完全な人間などいません。しかし出来る限り良心が百パーセントになれるように日々努力していきたいものです。心の中に両親、友達、夫婦に言えないような卑劣なことを、思っていないでしょうか。利益追求のために満足をしていないでしょうか。男性は、女性を見たとき、淫行をする心がめばえることは、ないでしょうか。夫婦ともに妻子のある相手に愛欲好意を持つことはありませんか。自分の仕事が相手によって邪魔をされ怒ってはいないでしょうか。あいつがいなければと、ねたみそねみは、抱いていないでしょうか。いつも子供が言うことを聞かないからといって、腹立たしく思ったことはありませんか。気に入らない人の悪口を言いふらしてはいませんか。平然と生き物を殺したことはありませんか。直接ではなくとも、殺生をしているのを黙ってみていたことはありませんか。他人のものを、許可なく盗ったことはありませんか。自分の生活に満足できず、いつも不平を言ってはいませんか。

環境が悪い、または自分の宿命が悪いと悲しむことはないのです。自分の心は自分で支配していかなければなりません。自分が変わることによってさらには自覚を進めることによってまわりのすべてを変えることができるのです。人の心も環境も同じです。若さや今健康だというおごりをすて、一寸先はやみだということをいち早く知らねばなりません。

今この瞬間には生があっても、一時間後には何があるかわからないのが我々の悲しみなのです。それぞれに与えられた大切な縁（えん）を苦しみではなく幸福に変えて一つ一つ周囲に伝えてゆくことが大切です。

「後生ということはながき世まで地獄におつる事なれば、いかにもいそぎ後生の一大事を思いとりて弥陀の本願をたのみ、他力の信心を決定すべし」（蓮如）

後生の一大事とは、人生の残りのみならず、この地球で永遠に命を流転させる身として、いかに人間として生まれてこられたことが、意義深く、尊きことかを自覚して、釈尊出世の意義、本願、釈尊の人類同胞の願いを受け止めすべての事象を正しく偏ることなく、柔軟にかつ力強く心にとどめ真の信を決定しましょう。と私は、お受けいたしました。

私は別章でも述べさせていただいておりますが、一宗派に固執するのでもなく、それぞれに国地域によって形となる信仰の対象・名称は変化しても、愛より生まれる力がすべての根幹であると認識しております。したがって、親鸞一流の弥陀一心の信も釈尊一願の信も同体同朋によって今日までもたらされたものであり、信を得る事を決定すること、すなわち人類のため、地球の未来のため、私たち現在に生きているすべての人々が認識すべき事実と真実を現実の課題としてともに抱き合って感じることであると考えます。もう一度、自然の中に入って、感じてみてください。小鳥、昆虫、動物、命あるすべての様相が、時間と共に刻々と変化し、一瞬の美をとどめながら、また無限の世界へと転じていきます。この生命すべての共生が釈尊以来の真実であり、理念であり、人間という概念を超えた関係ではないでしょうか。今このすばらしい温もりのある感覚が、人間によって破壊されようとしています。今地球上すべての生命体の中で、自分の子供を、死に追いやる行動を簡単にしてのけるのは、人間という動物だけです。それは、未来への子供たちに残すべき自然破壊や、家庭内児童虐待すべてにおいてです。人間とは、なんと哀れな生き物なのでしょう。自分で自分の首を、絞めているのです。

合掌

人は一人生まれ、そして一人で死んでゆきます。

どんなに愛する存在があってもです。

だからこそ自分に甘えることなく懸命に生き、他人にはやさしく思いやりをもって接することが、大切だと実感できるのではないでしょうか。

水の流れはさまざま
花の咲くのもさまざま
みな一つの命をもって生きています
それぞれの命を大切に。

おわりに

私は、「白骨の御文」という摩訶不思議な響きを持つ言葉と出会いました。それを探り、ひも解く中で、また新しく、親鸞という人物に出会うことができました。これも、「白骨の御文」のご縁かもしれません。私は、特定の宗派、教団にこだわって、今回の時空を超える旅をしたわけではありません。自分の感性のまま、素直に時間の中を散歩するうちに、「南無阿弥陀仏」という不思議な六文字にもめぐり合うことが出来ました。今の地球をいつまでも美しい状態で、未来にまで受け継ぐことの出来る一つのヒントを、過去からはるかなる時を超えて私の心に届けていただいたように感じたからです。そのことを少しでも皆さんと一緒に考えていくことが出来ればと、先人の残された宝をそっと開いていく決心をしました。生命の不思議と大切さに思いを共にし、今まだ生まれてこぬ尊き地球上のすべての命に、すばらしい未来を平等に残してやろうではありませんか。今平等でない生命の営みが地球上に存在するならば、ごく身近な私たちの生活から改善しようではありませんか。

私は、今回時空を旅することによって、いかに私たちの社会が便利という意味で恵まれているか、そして生命とは、いや人間とは、自分たちの中でいかに平等性を根幹から欠いてしまったかに失望しました。もうこの歪みは、埋めることが出来ないかも知れません。地球の歴史の中でたくさんの、尊い命の犠牲がありました。まだそれは続いています。大きな汚点として残すことになってしまいました。我々は自らの理性を持って今ただちに、変身しなければなりません。今なら間に合うかも。地球にだって命があるのです。永遠ではありません。美しい地球、豊かな山、豊かな水、豊かな心を未来へ残す義務が、今生きている私たちにはあります。

私にはあくまでも個人的にたまたま何かのご縁をもってメッセージを感受させていただけたわけで、民族、宗教を超えて多くの人たちへ違った形でそれが届けられているはずです。共に気づき、伝授されている手段に関係なく、手を取り合って共生の道を歩んでいこうではありませんか。共に手を取り、いつまで仲良く。時空を超えたメッセージが、きっと皆さんにも、耳をすませば聞こえてくるはずです。またそのときは、私のように時空を超えるという、お金のかからない旅に出てみてください。

脚注参考文献

『広辞苑』岩波書店、昭和五十四年発行
『コンサイス人名辞典』三省堂、一九八二年発行
『日本史年表』河出書房新社、昭和五十三年発行
『日本史辞典』角川書店、一九五七年発行
「日本大百科全書」全25巻、小学館、一九八七年発行
「日本古典文学大系」『親鸞』岩波書店
須藤隆仙著『仏教用語事典』新人物往来社、一九九三年発行
丹羽文雄ほか『蓮如に出会う』旺文社、一九八六年発行
真宗教団連合編『歎異抄・現代を生きるこころ』朝日新聞社朝日選書、一九八一年発行
「日本古典文学」『仏教文学』角川書店、昭和五十二年発行

脚注作成　釘町久子

〈著者プロフィール〉

神谷　秀人（かみたに・ひでと）

1961年生まれ。株式会社マルカネ代表取締役。京都外国語大学外国語学部フランス語学科中退。
家業の関連で農業の土作りに強く惹かれ、二年間の農業研修を経て株式会社マルカネにて農産物全般の流通業務に携わる。また、農業ネットワーク「ふる里倶楽部」を設立、インターネットホームページ、セミナー開催などを通じて各地の伝統農業とふるさとの暮らしを残すべく、環境問題と国内農業の今後の在り方を問いかけている。
「いただきます」とは命ある生物をありがたく食べさせていただきます、であるという事をすべての活動の基本精神においています。

ふる里倶楽部　ホームページアドレス
http://www2.odn.ne.jp/~aae49710

目覚め 時空を超えた六文字のメッセージ

2000年6月1日　初版第1刷発行

著　者　神《かみ》谷《たに》秀《ひで》人《と》
発行者　瓜谷綱延
発行所　株式会社 文芸社
〒112-0004　東京都文京区後楽2-23-12
電話　03-3814-1177（代表）
03-3814-2455（営業）
振替　00190-8-728265
印刷所　株式会社 平河工業社

ISBN 4-8355-0349-X C0095